MATHEIGER

Ziffernschreibkurs
Schulausgangsschrift

Autoren:

Matthias Heidenreich
Martina Kinkel-Craciunescu
Thomas Laubis

Bestell-Nr. 1503-67 · ISBN 3-619-15367-1
© 2004 Mildenberger Verlag GmbH, 77652 Offenburg
Internetadresse: www.mildenberger-verlag.de
E-Mail: info@mildenberger-verlag.de

Auflage	Druck	4	3	2	1
Jahr	2007	2006	2005	2004	

Das Werk und seine Teile sind urheberrechtlich geschützt. Jede Nutzung in anderen als den gesetzlich zugelassenen Fällen bedarf der vorherigen schriftlichen Einwilligung des Verlages. Hinweis zu § 52a UrhG: Weder das Werk noch seine Teile dürfen ohne eine solche Einwilligung eingescannt und in ein Netzwerk eingestellt werden. Dies gilt auch für Intranets von Schulen und sonstigen Bildungseinrichtungen!

Layout und Illustrationen: Judith Heusch, 79359 Riegel
Druck: Franz W. Wesel, Druckerei, 76534 Baden-Baden
Gedruckt auf umweltfreundlichen Papieren

Mildenberger Verlag

Ziffernschreibkurs

eins

1

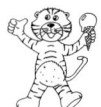

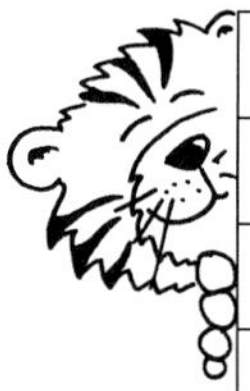

1 1 1
1 1
1

1 1
1

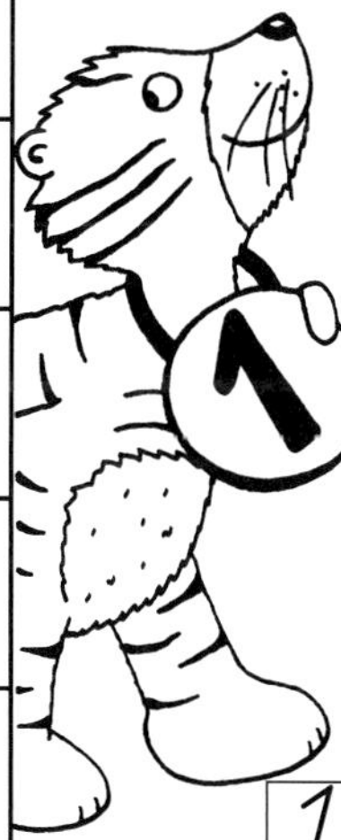

1 1

1 1 1
1 1 1
1 1 1
1 1

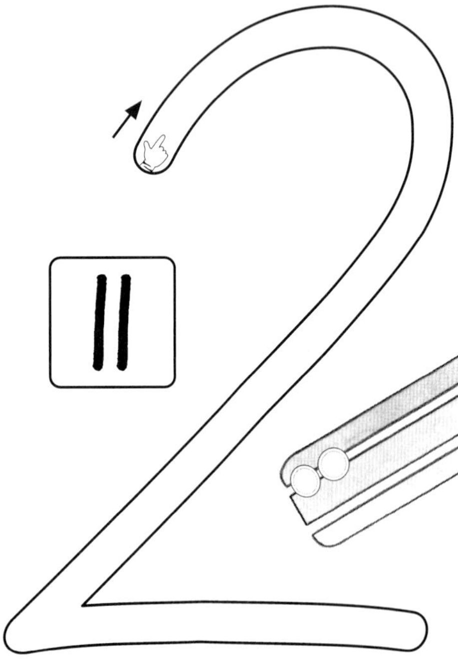

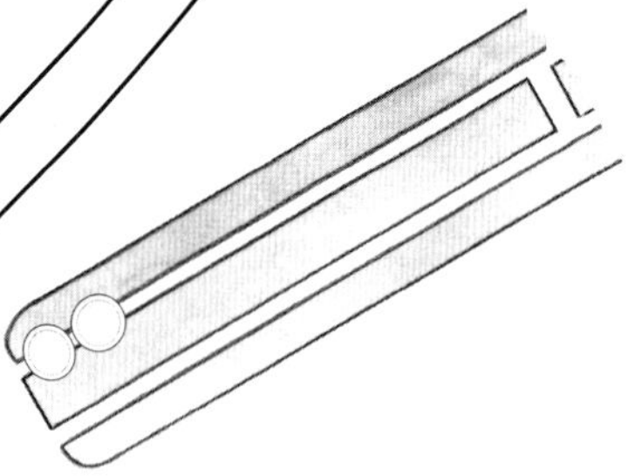

Ziffernschreibkurs

zwei

2 2 2

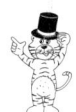

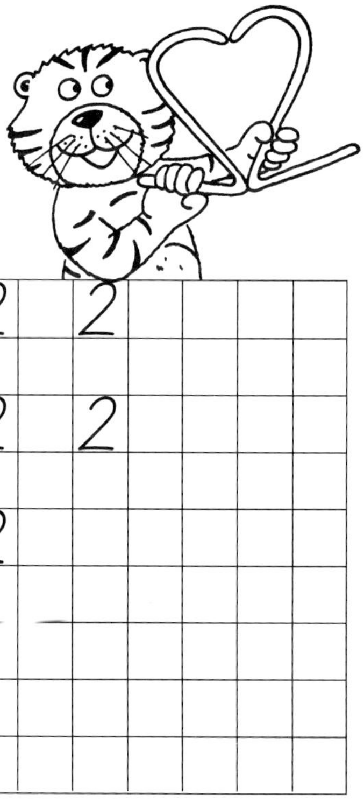

2 2

2 2

2

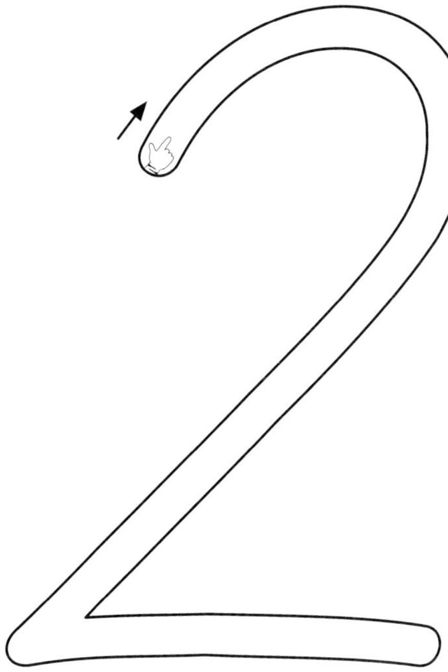

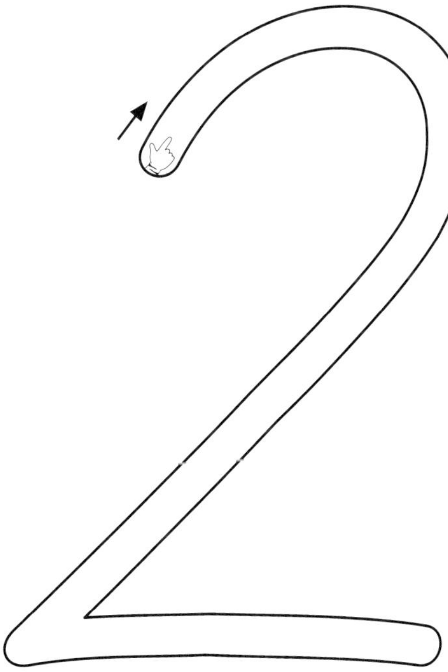

2 2 2

1 1 1

2 2 2

1

2

2

2

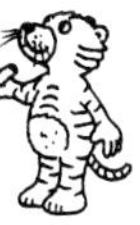

Ziffernschreibkurs

drei

6 © Mildenberger Verlag · 77610 Offenburg

Ziffernschreibkurs

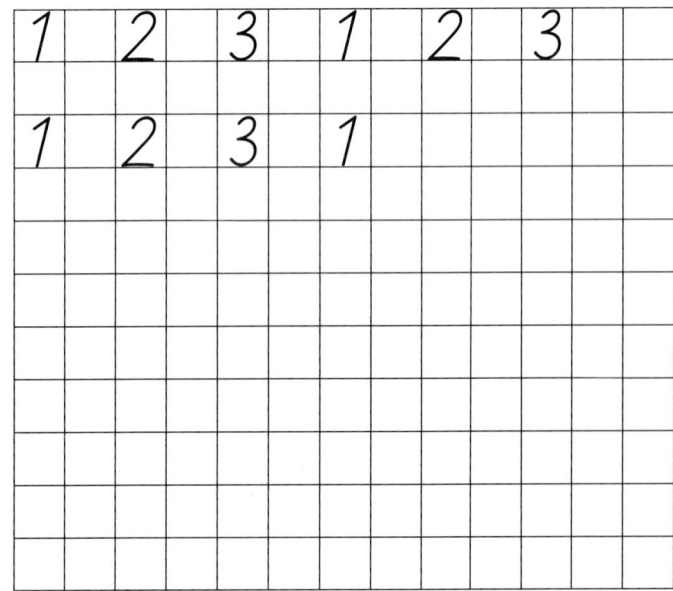

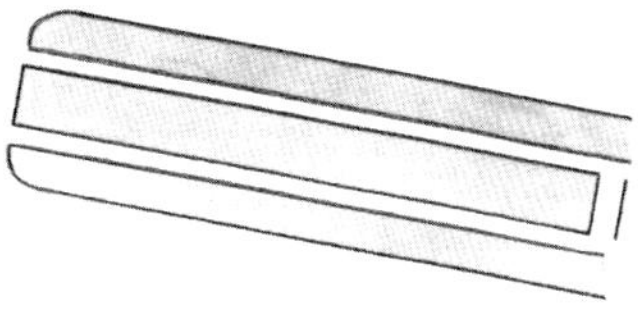

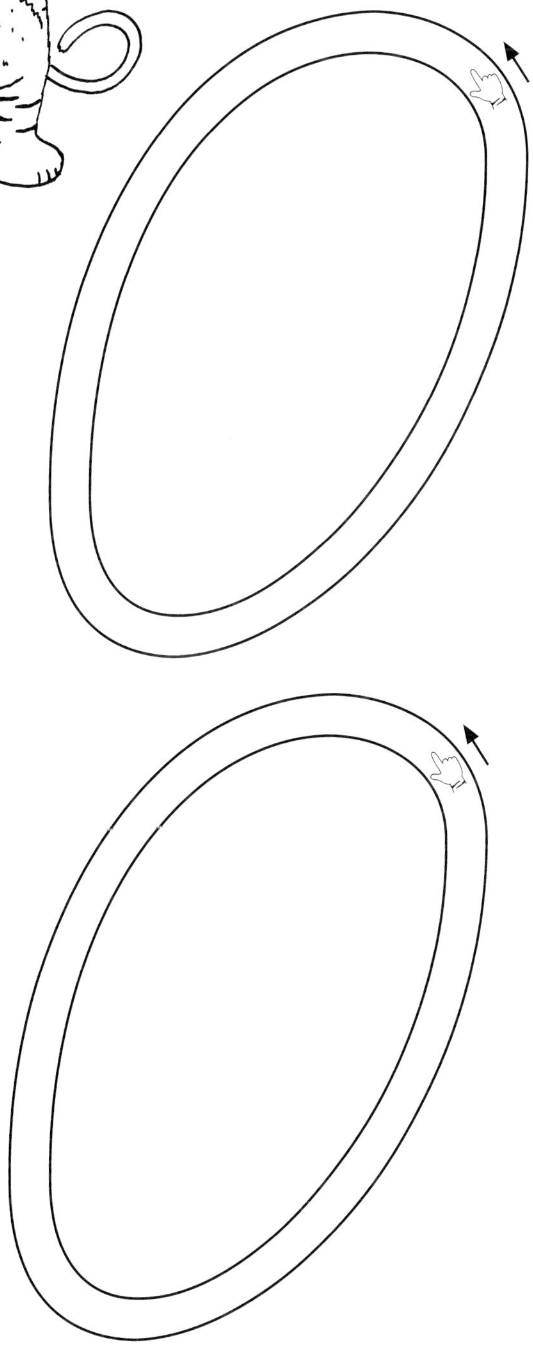

Ziffernschreibkurs

null

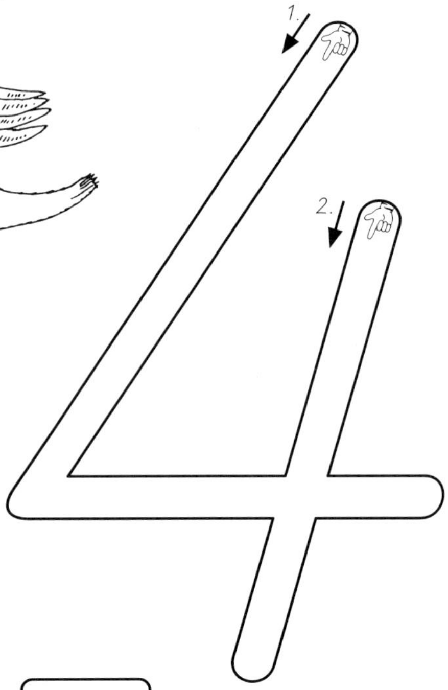

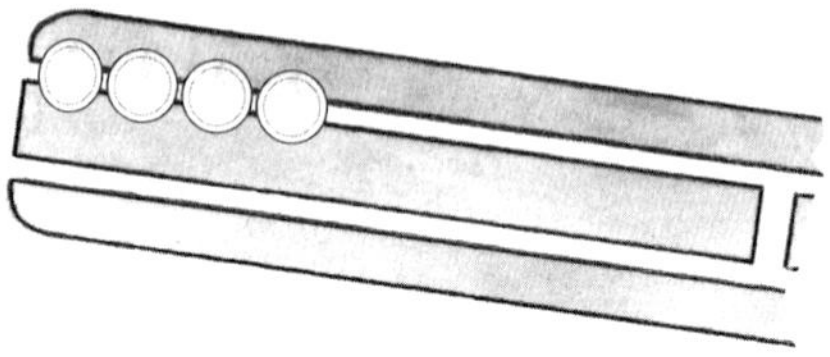

Ziffernschreibkurs

vier

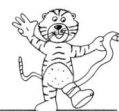

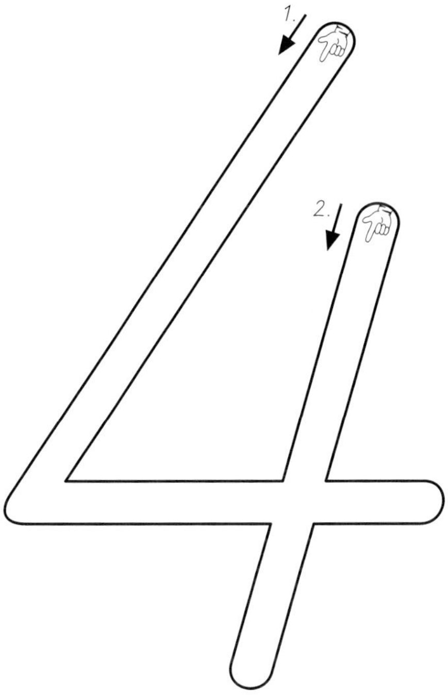

4	4	
4		

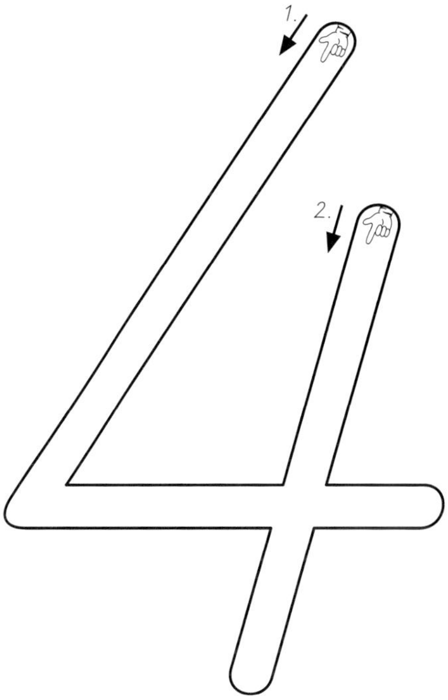

4		4		4									
4		4											

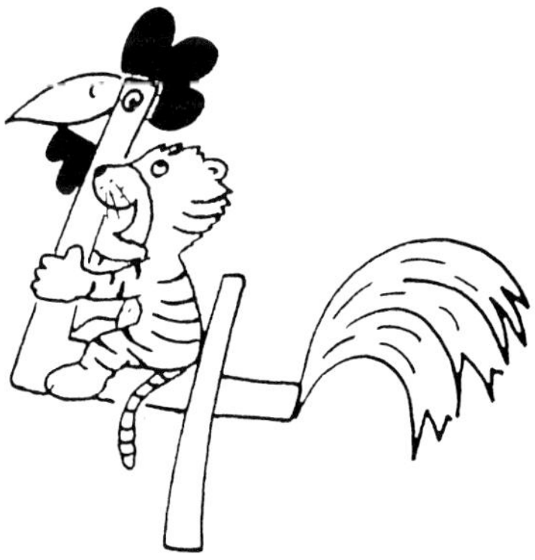

4		4		4		4														
4		3		4		3														
1		2		3		4		1												
2		4		2		4														

Ziffernschreibkurs 5

fünf

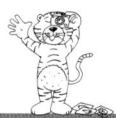

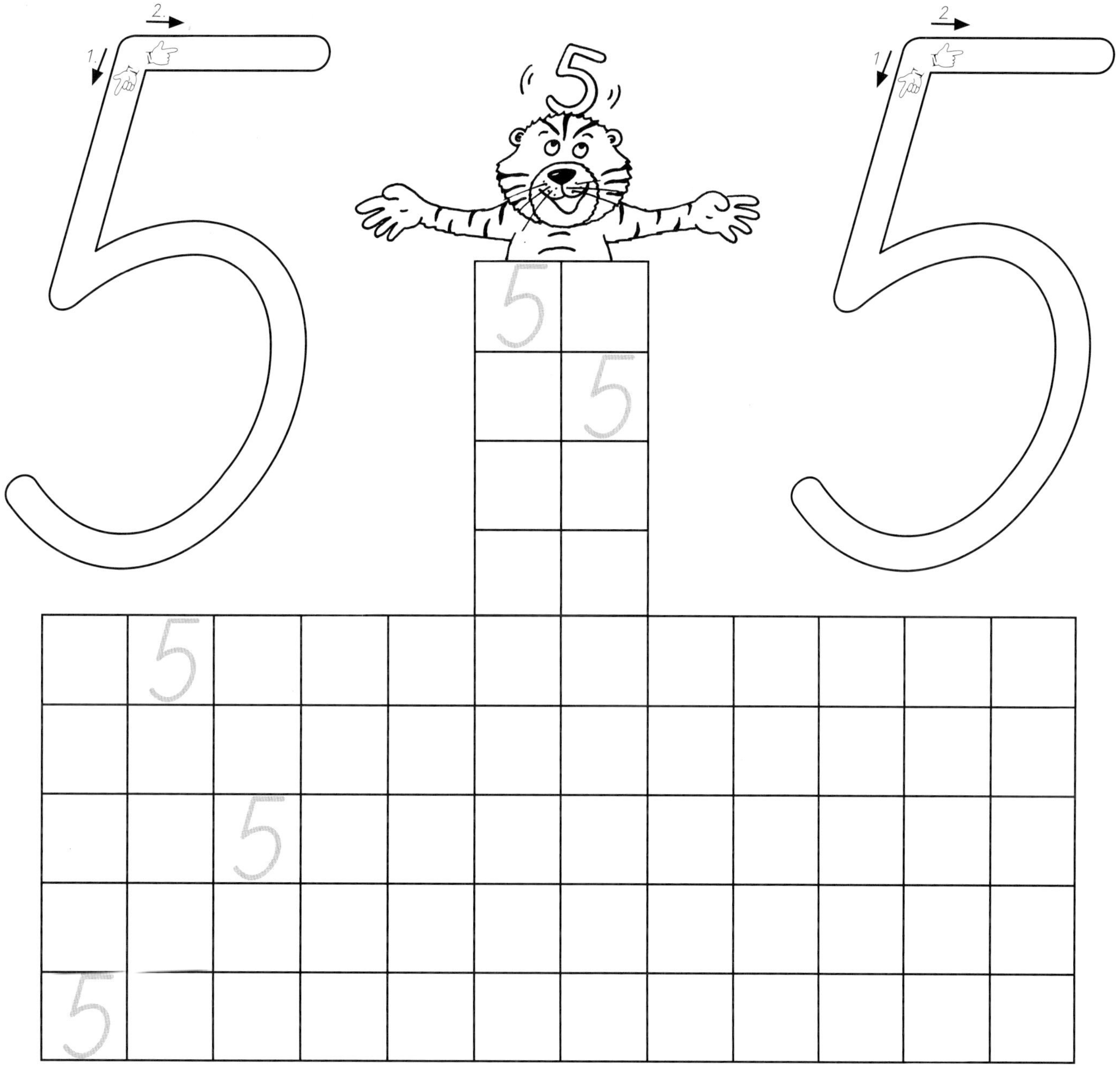

5 5 5

4 5 4 5

1 2 3 4 5 1

5 4 3 5 4

1 3 5 1 3

5 5 5

Ziffernschreibkurs

sechs

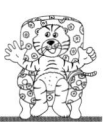

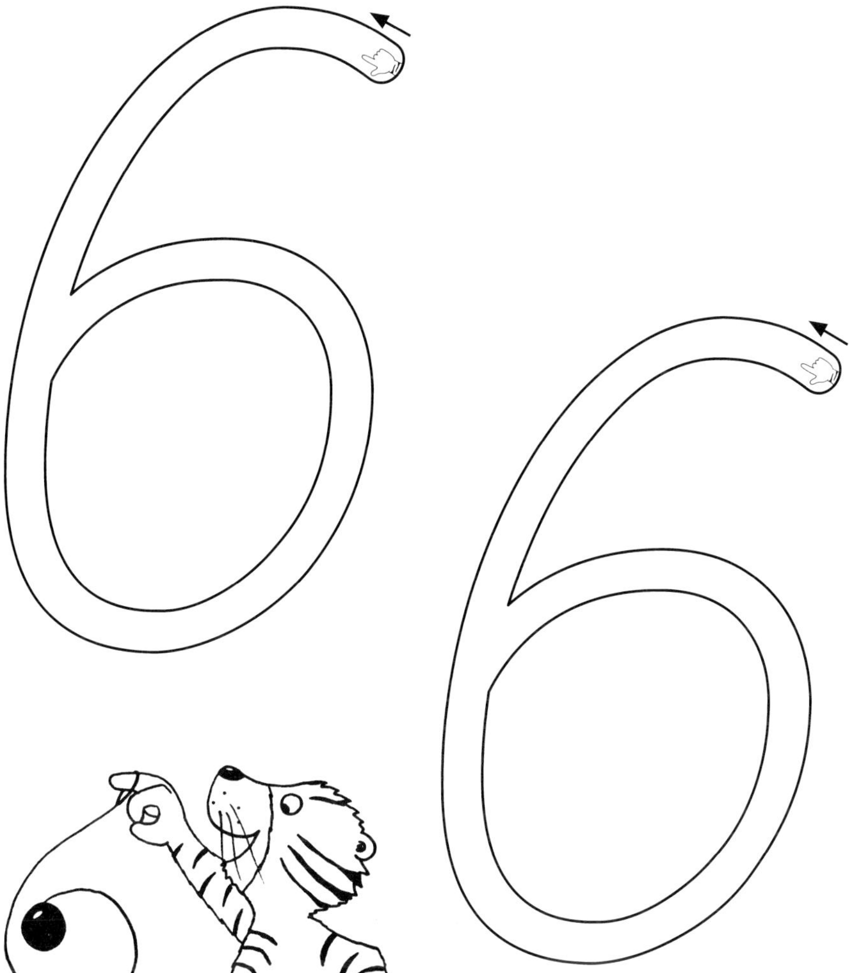

6

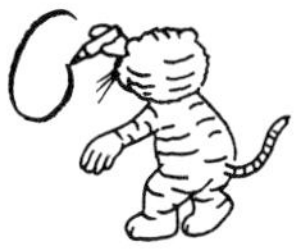

6

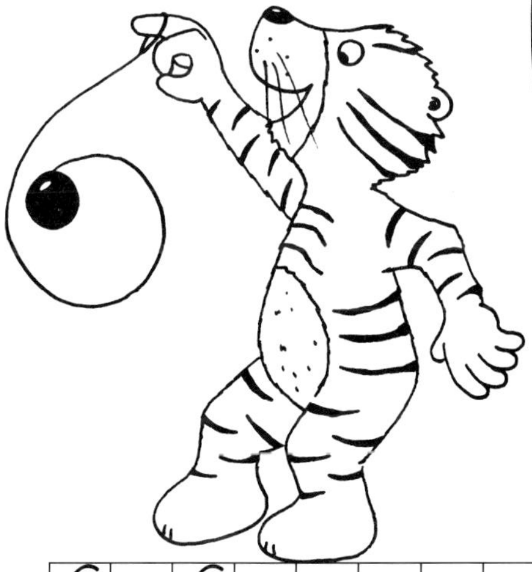

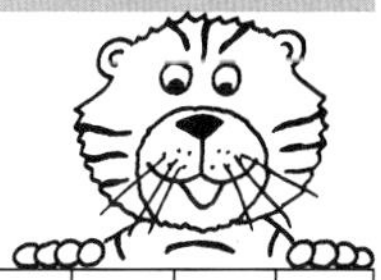

6	6		
5	6	5	6
4	6	4	6
3	6	3	
2	6	2	
1	6		
6	6		

Ziffernschreibkurs

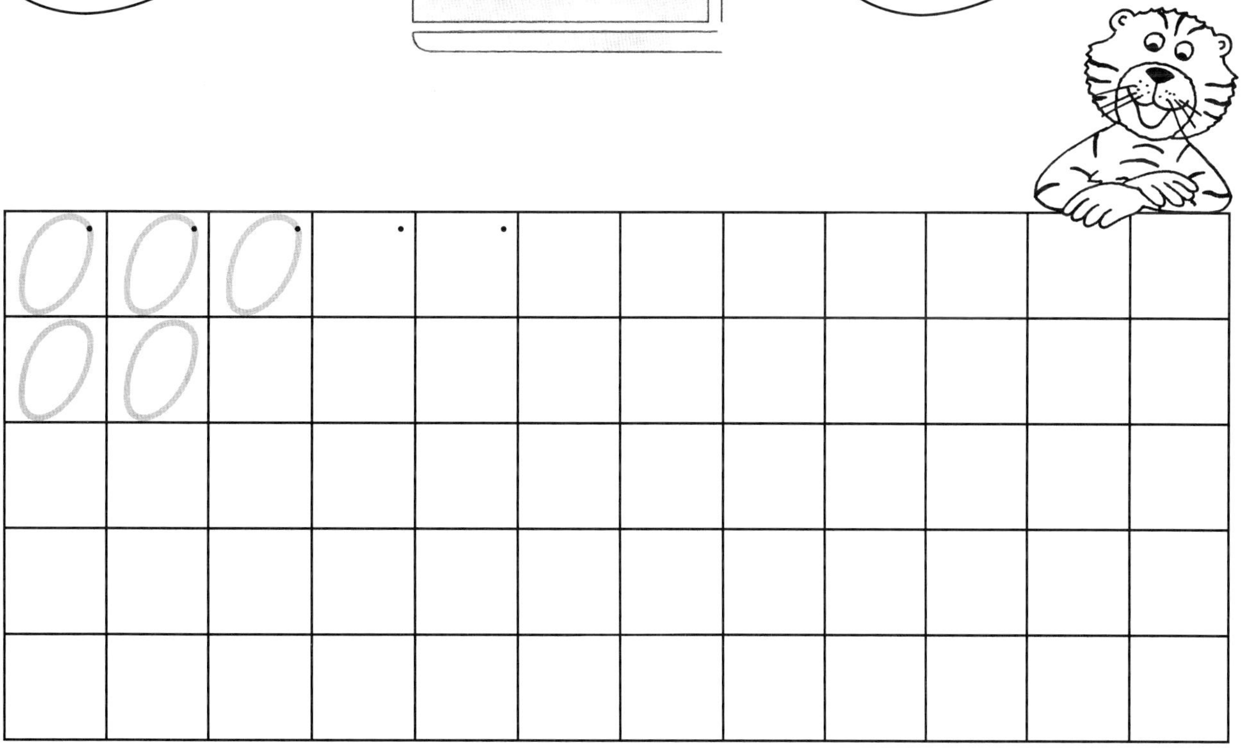

Ziffernschreibkurs

"null"

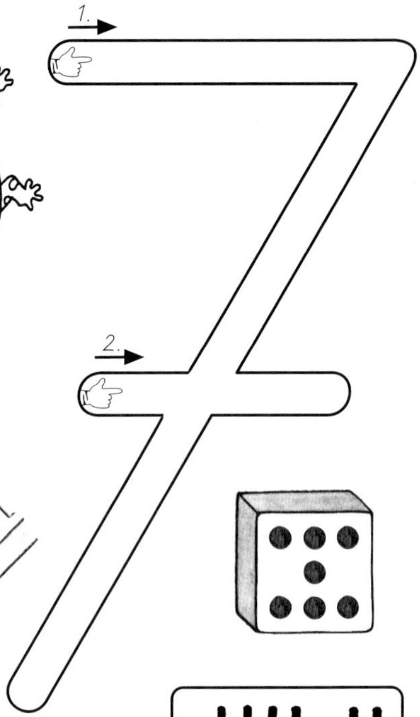

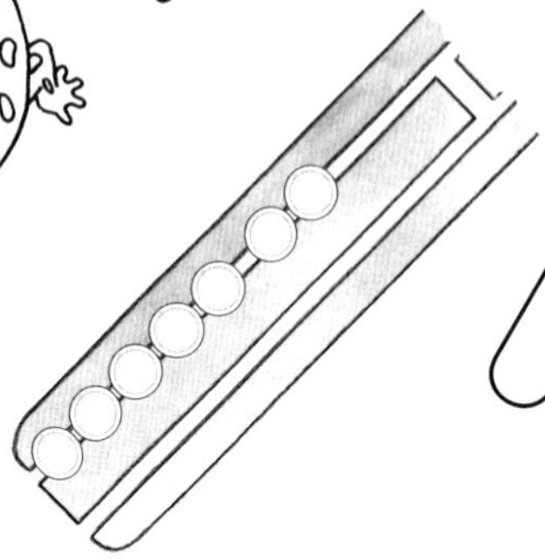

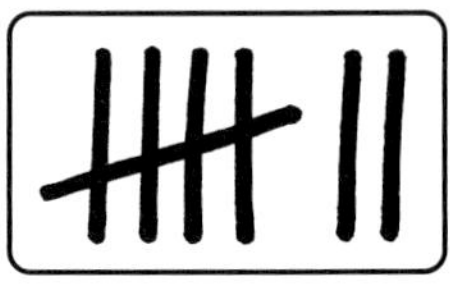

Ziffernschreibkurs

sieben

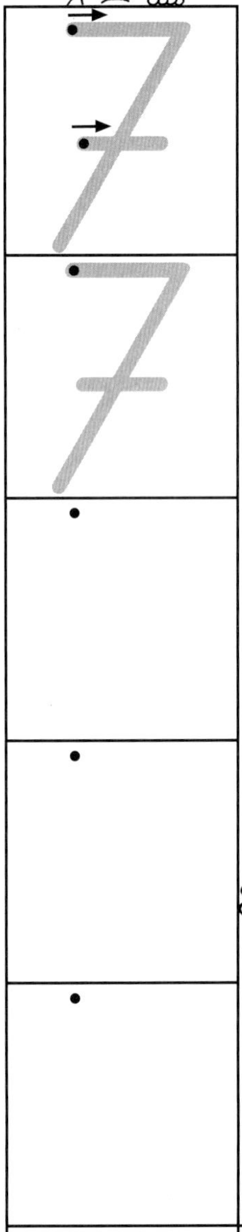

18
© Mildenberger Verlag · 77610 Offenburg

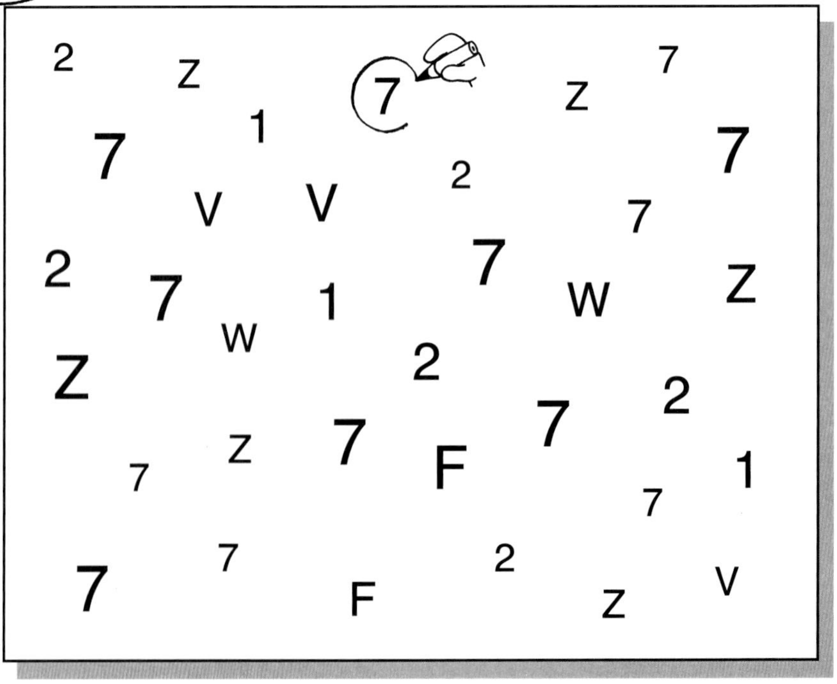

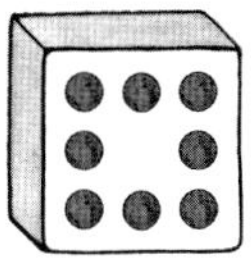

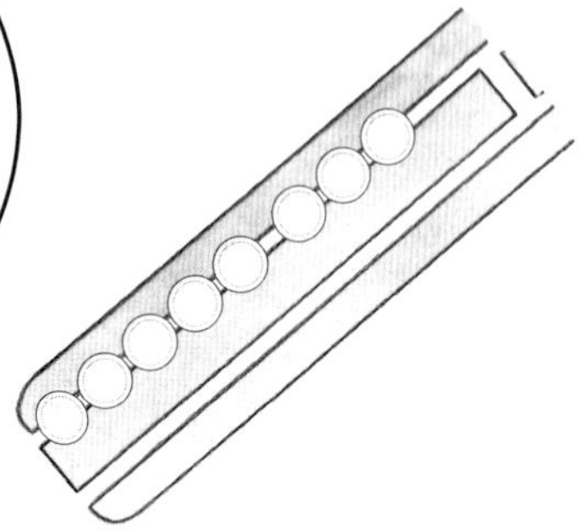

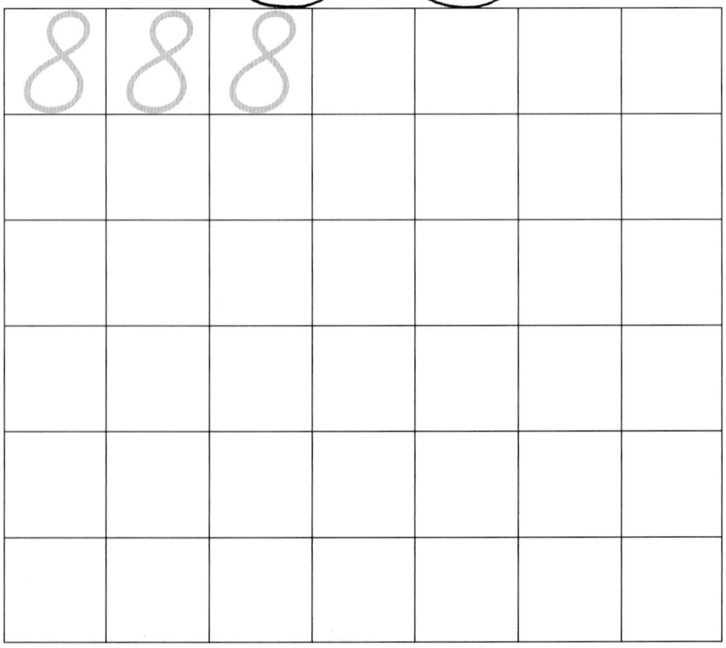

Ziffernschreibkurs

acht

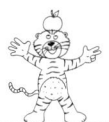

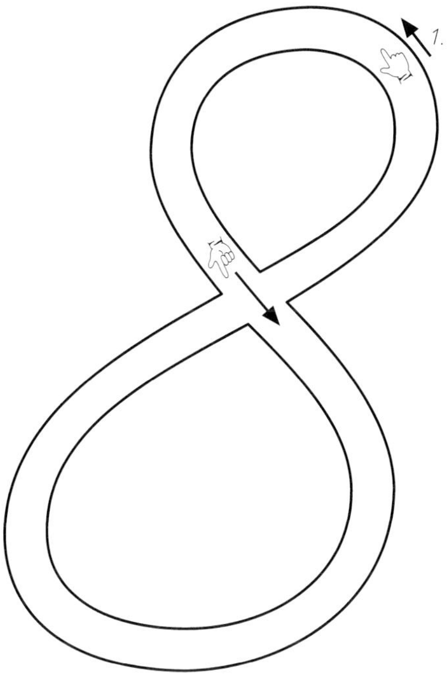

8	8	8	
8			

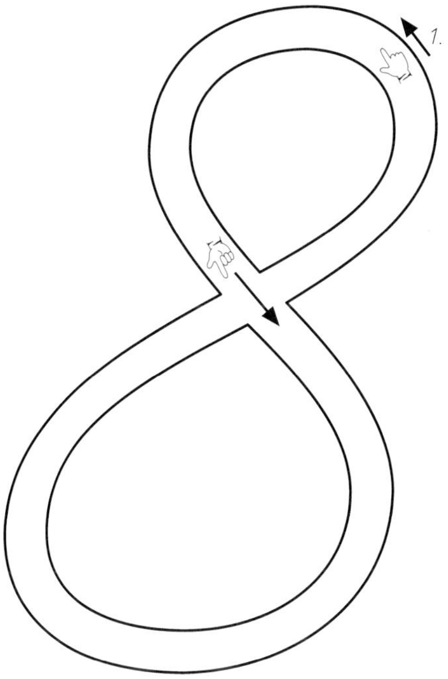

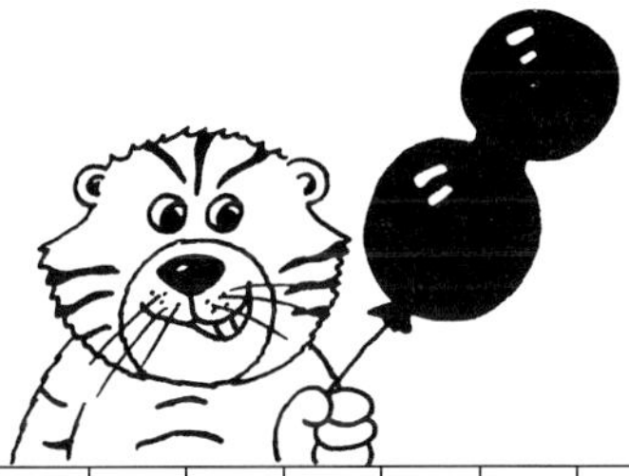

8 8

8

6 7 8 6

2 4 6 8 2

1 2 3 4

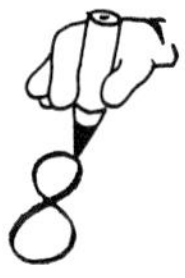

8

8

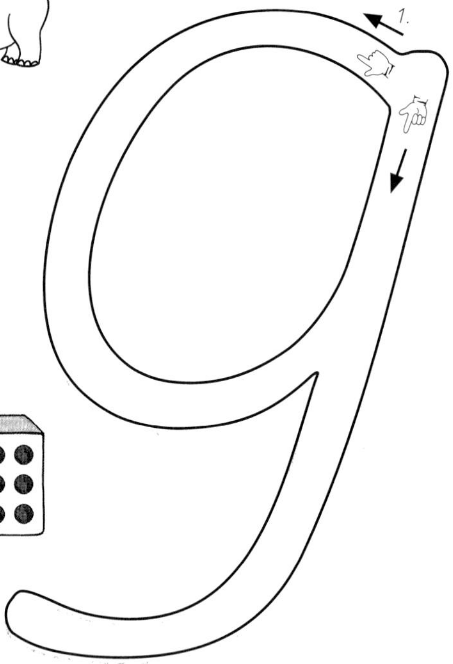

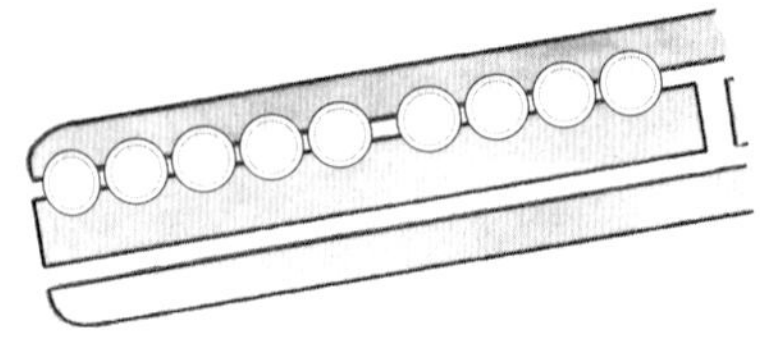

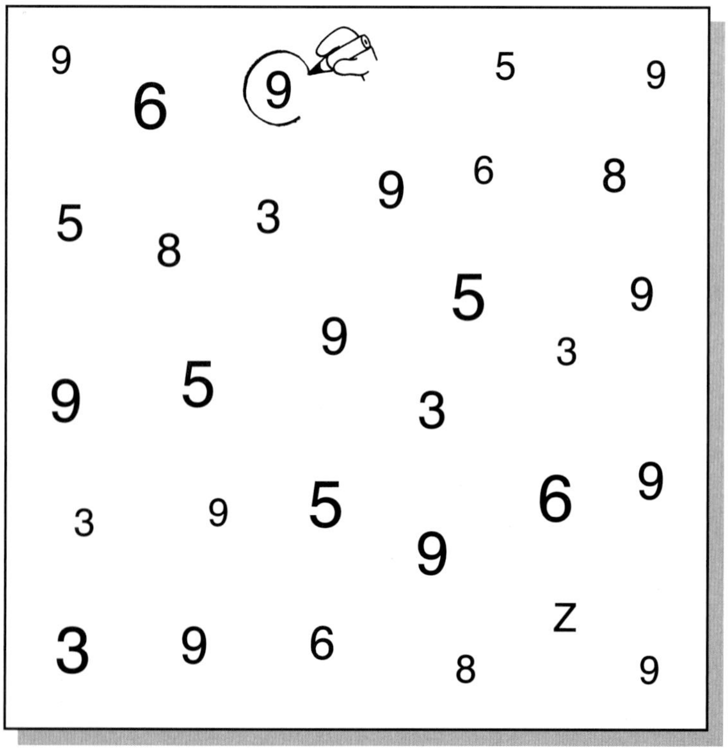

Ziffernschreibkurs

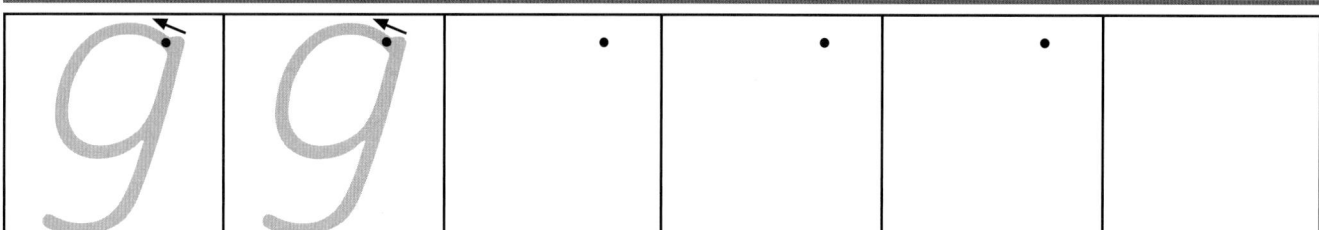

neun

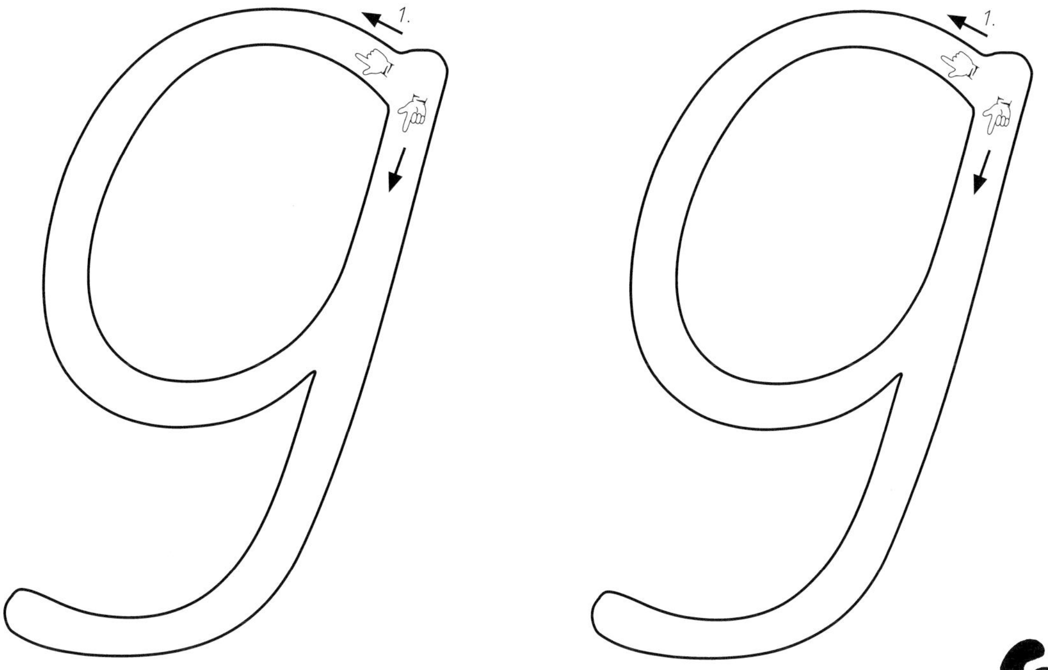

Ziffernschreibkurs 7 8 9

24